DIVERS HABILLEMENTS
SUIVANT LE COSTUME D'ITALIE
DESSINÉES D'APRÈS NATURE
PAR J.B. GREUZE PEINTRE DU ROI
ORNÉS DE FONDS PAR J.B. LALLEMAND
ET GRAVÉS D'APRÈS LES DESSEINS
TIRÉS DU CABINET DE M. L'ABBÉ GOUGENOT
CONSEILLER AU GRAND CONSEIL
HONORAIRE DE L'ACADÉMIE ROYALE
DE PEINTURE ET DE SCULPTURE
PAR P.E. MOITTE GRAVEUR DU ROI

A PARIS

Chez l'Auteur à l'entrée de la Rue St. Victor la 3e Porte Cochère à
gauche en entrant par la Place Maubert. 1768.

SAVOJARDO
DI SCIAMBERY.

Savoyard
de Chambery.

SAVOJARDA
DI MOMMEGLIANO.

Savoyarde
de Montmelian.

FANCIULLA
SAVOJARDA

Petite Fille
Savoyarde

3.

SAVOJARDA
DI LANEBURGO.

Savoyarde
de Lanebourg.

4.

PIEMONTESE
D'ASTI.

Piemontoise
d'Asti.

5.

PIEMONTESE
D'ASTI

Piémontoise
d'Asti

6.

DONNA GENOVESE COL MEZZO
CALATO CHE VENDE FIORI.

Genoise avec le Mezzo rabattu
vendant des fleurs.

7.

CITTADINA DI GENOVESE   *Bourgeoise de Gênes*
COL MEZZO IN TESTA.   *avec le Mezzo sur la Tête.*

8

CONTADINA DI
PARMEGGIANA

Paysane
Parmesane

9

CONTADINA DI
BOLOGNESE

*Paysane
Bolonoise*

10.

CITTADINA DI
BOLOGNESE.

Bourgeoise de
Bologne.

II.

CONTADINA DI
FIRENZE.

Paysane Florentine.

12.

FIORENTINA CON CUFFIA DA FARFALLA *Florentine Coeffée en Papillon*
E CON MARITO PER ISCALDARSI. *et tenant une Chauffrette.*

13

DONNA FIORENTINA COLLO SCUFFINO.

Bourgeoise Florentine avec une petite Coëffe.

J.B. Greuze delin.

F.A. Moitte Sculp.

14.

FIORENTINA CON CAPELLETTO *Florentine avec un Petit Chapeau*
VESTITA IN DRAGONA. *habillée à la Dragone.*

15.

DONNA PLEBEA
DI PISA.

Femme du Peuple
des Environs de Pise

16.

CONTADINA DI LUCCA COLL'ANELLO   Paysane des Environs de Lucques
DI SPOSA PROMESSA IN MATRIMONIA   avec l'Anneau d'Accordée

17.

DONNA PLEBEA
DI NAPOLI.

Femme du Peuple
Napolitaine.

CONTADINA DI NAPOLI
CON UN BAMBINO.

Paysanne Napolitaine
tenant un Enfant.

19.

DONNA PLEBEA DI NAPOLI *Femme du Peuple Napolitaine*

VESTITA DA GIORNO DI FESTA. *vétue comme dans les jours de fête.*

DONNA PLEBEA DI NAPOLI *Femme du Peuple Napolitaine*

RISCALDANDOSI I PIEDI AD UN FOCONE. *se chauffant les pieds à un Poêle de braise.*

21

CONTADINA DI
CALABRESE.

*Paysanne de la
Calabre.*

22

Flenghele Pinx. P.A. Moitte Sculp.

CITADINA DI FRASCATANA

Bourgeoise de Frascati

23.

Donna Frascatana — Femme de Frascati

Vestita da giorna di festa. habillée comme dans les jours de fête

24.